SCAN

for

Animated Audio eBook,

Vocabulary Cards,

Comprehension Questions,

Coloring Pages,

and more

DEAR PARENTS AND TEACHERS,

Congratulations on encouraging your children and students to become bilingual and bilingually literate!

It is a decision that will pay dividends to your child or student for many years to come! Research has shown that it is easier for children who learn a language before the age of 6 to adopt a native accent. Research also shows that bilingual children have increased cognitive capacities.

The goal of Young and Bilingual™ is to accompany you and your children or students through the wonderful journey of becoming fully bilingual at a young age. The illustrations in each book are beautiful and colorful. Each book includes vocabulary words, a list of sight words used in the book, and phonic tips.

We have defined five different levels for our book series:

0 Nursery Rhymes

Sing along all time favorite traditional Haitian songs with your child!

1 Preschool-Kindergarten

Interactive reading, ideal for toddlers, who are discovering the world

2 Preschool to Grade 1

Simple sentences ideal for pre-readers, who start learning how to read (under 150 words)

3 Kindergarten to Grade 1

Short story ideal for beginner autonomous readers (under 300 words)

4 Kindergarten to Grade 2

Short story, which includes life lessons and cultural discoveries (under 600 words)

Young and Bilingual™ offers FREE supporting bilingual material on its website www.lapetitepetra.com to assist you and your children and students on this great journey of bilingualism. We welcome your feedback to improve continuously. Stay in touch with us, and, most importantly, enjoy the journey!

PARAN AK PWOFESÈ,

Konpliman dèske nou ankouraje pitit nou pou yo konn pale plizyè lang !

Se yon desizyon ki pral bay bon rannman pou tout lavi ti moun yo ! Rechèch montre ke, si yon ti moun aprann yon lang anvan li gen 6 an, l ap pi fasil pou l rive pale lang lan kòm si li se yon natif natal. Epi tou, rechèch montre ke ti moun ki bileng gen plis jèvrin nan kapasite yo kòm aprenan.

Objektif nou nan konpayi Young and Bilingual™, se pou nou akonpaye ou ak pitit ou yo oswa elèv ou yo, pou yo vin bileng byen bonè nan anfans yo. Ilistrasyon yo bèl, epi tou yo gen anpil koulè. Chak liv gen mo vokabilè ladan yo, lis mo outi ki sèvi nan liv la, ak esplikasyon pou pwononsyasyon plizyè son ki nan liv la.

Nou defini senk diferan nivo pou liv nou yo :

Chanson Ti moun

Chante ansanm ak pitit ou chante tradisyonèl ou te pi renmen lè ou te piti !

1 Preskolè- jaden d anfan

lekti entèraktif, ideyal pou ti moun piti k ap dekouvri monn lan

2 Lekòl matènèl – premye ane fondamantal

Fraz ki senp, ki fèt pou ti moun ki pa ko konn li oswa k ap aprann li (mwens pase 150 mo)

3 Jaden d anfan rive nan premye ane fondamantal

Istwa ki fèt pou ti moun ki fenk aprann li pou kont yo (mwens pase 300 mo)

4 Jaden d anfan rive dezyèm ane fondamantal

Istwa ki kout e ki prezante leson lavi ak dekouvèt kiltirèl (mwens pase 600 mo)

Young and Bilingual™ ofri materyèl bileng GRATIS sou sit entènèt li a www.lapetitepetra.com pou ede ou ak pitit ou yo ak elèv ou yo vin bileng. Nou akeyi fidbak ou pou nou kontinye amelyore liv ak pwogram nou yo. Rete an kontak avèk nou, epi n espere tout ti moun yo ava pwofite !

DEDICATION

To all the young Haitians and Haitian descendants who either live in Haiti or abroad so that you always remember that we have a beautiful country that deserves to stay close to our hearts.

SPECIAL THANKS

To my children and family, for their support in all aspects of this project.
To my team and all the angels who were sent to me: I am truly grateful for your contributions and feedback.
To Oksana Vynokurova, a beautiful soul, whose beauty and heart are expressed through her illustrations that made all the difference in our books.

DEDIKAS

Seri dekouvèt Ayiti a dedie a tout ayisyen ak desandan ayisen ki viv an Ayiti ou lòt bò dlo pou yo toujou sonje ke nou genyen yon bèl peyi ki merite rete tou pre kè nou.

REMÈSIMAN ESPESYAL

Pou pitit mwen ak fanmi mwen pou tout sipò yo ban mwen pou pwojè sa a.
Pou ekip mwen ak tout zanj ki te ede m yo. Mèsi anpil pou kontribisyon nou.
Pou Oksana Vynokurova, yon moun espesyal : nou ka wè bote fanm sa a nan bèl ilistrasyon li fè pou liv nou yo.

Publisher's Cataloging-In-Publication Data
(Prepared by The Donohue Group, Inc.)

Names: Kanzki, Krystel Armand, author. | Vynokurova, Oksana, illustrator.
Title: La Petite Pétra. Petra ak Lili vizite Lagonav = Petra and Lili visit Gonâve Island / Krystel Armand Kanzki ; illustrated by Oksana Vynokurova.
Other Titles: Petra ak Lili vizite Lagonav | Petra and Lili visit Gonâve Island
Description: [Miami, Florida] : Xponential Learning Inc, 2020. | Series: La Petite Pétra | Bilingual. Haitian French Creole and English on opposing pages. | Interest age level: 004-008. | Summary: "Petra and Lili like to explore their country. In this book, they go by boat to Gonâve Island, a small island located off the West coast of Central Haiti. She makes new native friends on the beach. They play together, sing together and eat the delicious specialties of the area. When it's time to go Petra and Lili don't want to leave their friends and promise to come back soon"--Provided by publisher.
Subjects: LCSH: Haiti--Description and travel--Juvenile fiction. | Haiti--Social life and customs--Juvenile fiction. | Islands--Haiti--Gonave, Gulf of--Juvenile fiction. | Friendship--Juvenile fiction. | Bilingual books. | CYAC: Haiti--Description and travel--Fiction. | Haiti--Social life and customs--Fiction. | Islands--Haiti--Gonave, Gulf of--Fiction. | Friendship--Fiction.
Classification: LCC PZ90.C73 K36 2020 (print) | LCC PZ90.C73 (ebook) | DDC [E]--dc23

Identifiers: ISBN 9781949368147 (hardcover) | ISBN 9781949368758 (softcover) | ISBN 9781949368161 (ebook)

First Publication: March 2020
XPONENTIAL LEARNING INC

Petra and Lili visit Gonâve Island

Krystel Armand Kanzki
Illustrated by Oksana Vynokurova

Petra reve vizite zile Lagonav, nan Gòf Lagonav.

Petra dreams of visiting Gonâve Island, in the Gulf of Gonâve.

Pòdepè
Port-de-Paix
Kap Ayisyen
Cap-Haitian
Gonayiv
Gonaïve
Sen Mak
Saint-Marc
Ench
Hinche
Pòtoprens
Port-au-Prince
Miragwàn
Miragoâne
Jakmèl
Jacmel

Kaptenn Jojo te pwomèt Petra li t ap mennen li lagonav sou bato l ansanm ak Lili. Lili se nyès Kaptenn Jojo epitou se zanmi Petra.

Captain Jojo promised Petra he would take her to Gonâve Island on his boat with Lili. Lili is Captain Jojo's niece, but also Petra's friend.

Ti moun yo kontan ale Lagonav!

The children are happy to go to Gonâve Island!

Annavan ! Tout moun moute bato a !
Let's go! All aboard!

Yo fè yon premye arè, sou yon ban sab ki tou pre zile Lagonav la. Dlo a bèl anpil e li pwòp!

The first stop is on a sandbar near Gonâve Island. The water is beautiful and clean!

Kaptenn Jojo poze lank.
Ti moun yo sote nan dlo
a, ak kè kontan!

Captain Jojo drops anchor.
The kids jump in the water,
filled with joy!

Gade yon gwo tòti,
Petra!

look at this big
turtle, Petra!

Yo remonte bato a jis tan yo rive sou yon bèl plaj nan zile a.

They continue on the boat until they get to a beautiful beach on Gonâve Island.

Ti moun Lagonav yo ap manje lanbi, ak oma pechè zònn la fèk sot peche.

The children from Gonâve Island are on the beach eating conch and lobster that the fishermen from the area just caught.

Ti moun lagonav yo envite Petra, Lili ak Dani vinn goute nan lanbi ak oma a.

The children from Gonâve Island invited Petra, Lili, and Dani to come and taste the conch and lobster.

Ti gou switwon an bon anpil !
The lime taste is so flavorful!

When they finished eating, they picked coconuts to drink coconut water together.

Lè yo finn manje, yo keyi kokoye pou bwè dlo kokoye ansanm.

Yo jwe ansanm, yo chante ansanm ! Yo pa wè lè a pase !

They played together,
sang together and did not
see time pass!

Fòk nou retounen lavil.
We have to return to town.
Deja!
Already!

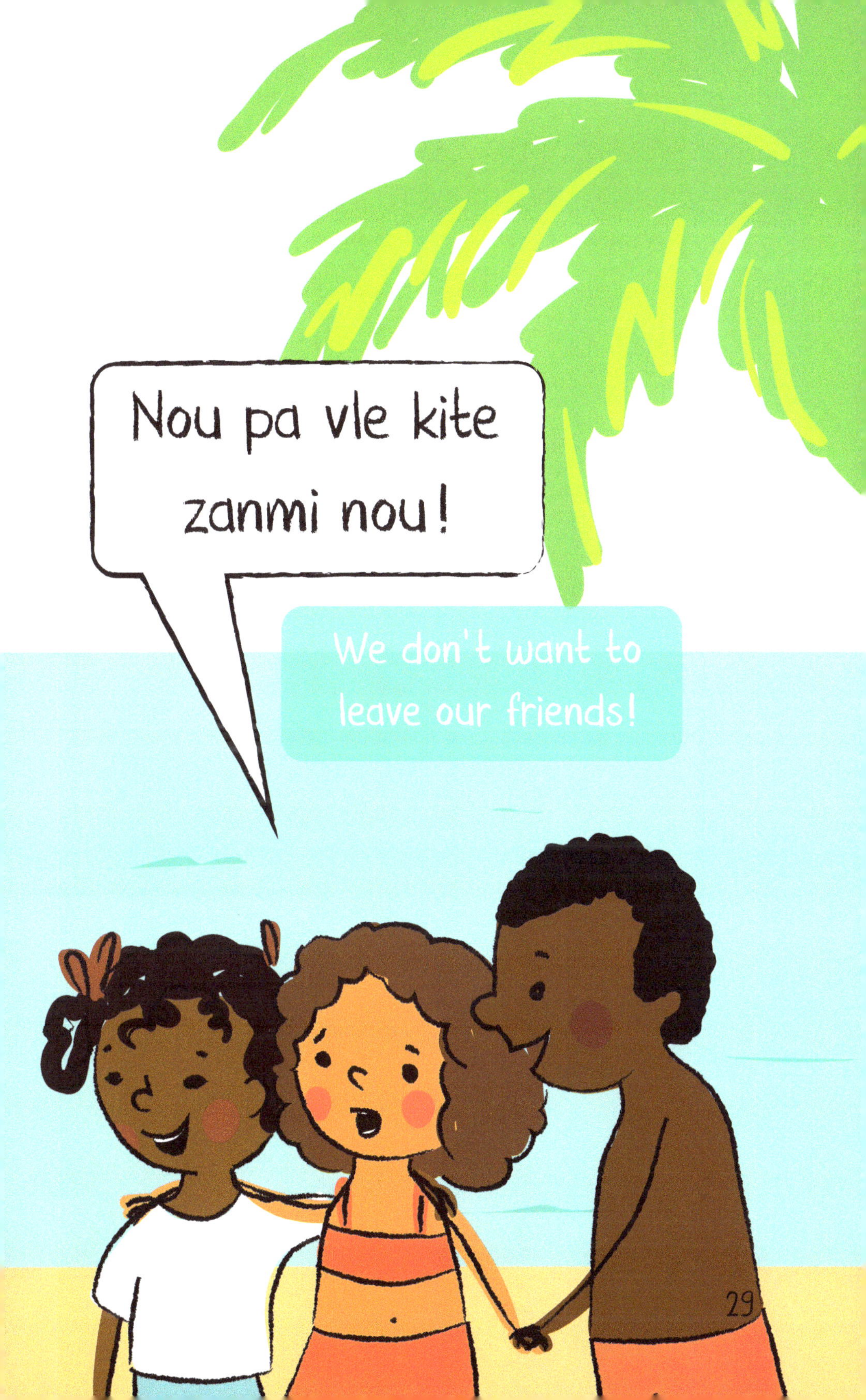

We don't want to leave our friends!

lè yo ale, yo pote nan memwa yo, souvni tè a, dlo a, kokoye yo, men plis pase tout bagay, yo sonje zanmi yo.

When they left, they brought back memories, memories of the land, the water, the coconuts, but above all, they remembered their friends.

Will you bring us back,
Captain Jojo?

W ap ka mennen
nou tounen,
Kaptenn Jojo?

Ak kè kontan!
With pleasure!

N a wè byento!

See you all soon!

VOKABILÈ BILENG OU

YOUR BILINGUAL VOCABULARY

zile
island

bato
boat

kontan
happy

dlo
water

lank
anchor

tòti
turtle

lanbi
conch

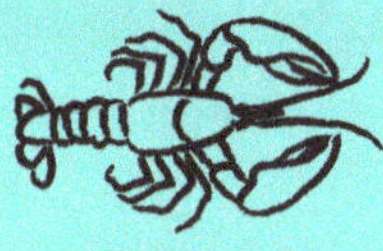
oma
lobster

kaptenn
captain

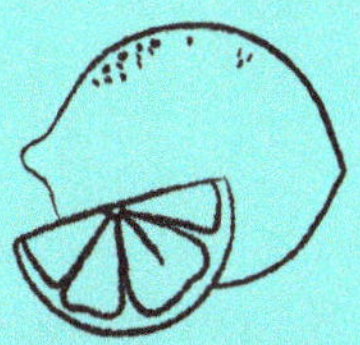
sitwon
lime

kokoye
coconut

zanmi
friends

YOUNG & BILINGUAL SIGHT WORDS TIPS

Sight words are words that don't follow the rules of spelling or syllable decoding. Children are taught as pre-readers to memorize sight words as a whole, by sight, so that they can recognize them immediately (within a few seconds). The goal is to read sight words without having to use decoding skills.

EKSPLIKASYON KONSÈP "SIGHT WORDS"

"Sight words" se mo ki tounen tout tan nan lang anglè a, e ki pa swiv règleman òtograf ak dekodaj silabik. Ti moun yo pou aprann memorize mo sa yo an antye, pou yo ka rekonèt yo imedyatman (nan yon kèk segond). Objektif la se pou yo li mo sa yo san yo pa bezwen esaye dekode mo yo ak règleman òtograf ak dekodaj anglè.

SIGHT WORDS FROM THE BOOK

basic

the of and a

to is are with at be from

but all were do when will so

SHORT VOWELS VS. LONG VOWELS

YOUNG & BILINGUAL ™ QUICK PRONUNCIATION TIPS

- 'Long vowel' is the term used to refer to vowel sounds whose pronunciation is the same as its letter name. The five vowels of the English language are 'a', 'e', 'i', 'o', 'u'.
- Each letter has a corresponding short vowel sound.
- When a word has two vowels, usually, the first vowel is pronounced as a long vowel and the second vowel is silent.
- The vowel 'i' and 'o' have the long vowel sound when followed by two or more consonants.

KÈK RÈG PRONONSYASYON POU NOU KONPRANN AN ANGLÈ

- Vwayèl 'Long' se tèm yo itilize pou fè referans a son vwayèl ki gen pwononsyasyon menm jan ak lèt li yo. Senk vwayèl yo an anglè se 'a', 'e', 'i', 'o', 'u'.
- Chak vwayèl sa yo gen yon son kout.
- Lè yon mo gen de vwayèl, anjeneral ou pwononse son premye vwayèl la e ou pa pwononse dezyèm vwayèl la ditou.
- Vwayèl 'i' ak 'o' gen son vwayèl long la anjeneral lè lèt ki swiv yo se de konsòn.

LONG VOWELS		SHORT VOWELS
lime time	I	visit picked
take flavorful	A	back
see eating	E	remember children
boat so	O	memories from
cute* huge*	U	but gulf

*Not in the text

Check out our comprehension question in the free resources section on our website!

HAITI DISCOVERY SERIES

In this series, Petra and Lili discover their country, Haiti, and its rich culture. You will find level 1, 2, 3, 4 and Nursery Rhyme books to suit the needs of your child or students! Let us know what other parts of Haiti or the Haitian culture you would like Petra and Lili to explore!

SERI DEKOUVÈT AYITI

Nan seri sa a, Petra ak Lili ap dekouvri peyi yo, Ayiti, ak kilti ayisyen ki rich anpil.

W ap jwenn liv nivo 1, 2, 3, 4 ak Chanson Ti moun pou adapte ak bezwen pitit ou a oswa elèv ou yo ! Fè nou konnen ki lòt pati peyi d Ayiti oswa kilti ayisyen ou ta renmen Petra ak Lili eksplore !

N ap jwenn kesyon konpreyansyon pou istwa a nan resous gratis sou sit entènèt nou!

Our bilingual book series also includes books in Spanish-English and French-English and some of our books are available in Audiobooks to accompany our young readers! Visit our website www.lapetitepetra.com to view all our titles today! If your loved ones or students benefited from reading this book, please leave us a review on the platform where you purchased the book and help us spread the joy!

Koleksyon liv bileng nou ofri liv an espanyòl-anglè ak liv an fransè-anglè epi gen plizyè liv ki disponib an fòma odyo pou ti lektè nou yo !
Vizite sit wèb nou an www.lapetitepetra.com pou wè tout tit nan koleksyon nou an.
Si pitit ou oswa elèv ou benefisye dèske yo te li liv sa a, ekri yon revizyon de liv la sou platfòm kote ou te achte li, e ede nou pataje lajwa !

www.ingramcontent.com/pod-product-compliance
Lightning Source LLC
LaVergne TN
LVHW051934220826
846093LV00012B/513

* 9 7 8 1 9 4 9 3 6 8 7 5 8 *